AF285147

Bleib jung mit Qi Gong!

Band 1: Die 8 Brokate im Stehen und die 3 Schwungübungen

Qi Gong ist ein Teil der Traditionellen Chinesischen Medizin (TCM) und wird heute von Millionen Menschen auf der ganzen Welt ausgeübt. Das Ziel besteht darin, die Gesundheit von Körper und Geist zu erhalten und auf diese Weise ein langes, glückliches Leben zu führen. Dies geschieht mit einer Kombination aus tradierten Bewegungen, Atemmethoden und der Kraft der Vorstellung. Mit dem Erlernen von Qi Gong kann jeder Mensch unabhängig von Alter, Vorkenntnissen oder Konstitution beginnen – am besten noch heute!
Im vorliegenden Band werden auf praktischer Seite vorwiegend Die 8 Brokate im Stehen sowie die drei Schwungübungen erläutert.

Der Autor lehrt seit vielen Jahren Kung Fu und Qi Gong an seiner eigenen Schule. Beide Künste hat er zuvor von europäischen und chinesischen Meistern erlernt. Seine Qi Gong-Bücher enthalten nützliches Wissen und praktische Anleitungen in kompakter, leicht verständlicher Form. Jin bedeutet „heute" und Dao „der Weg".

Bleib jung mit Qi Gong!, Band 1
2.Auflage, Juli 2025
Copyright © Jin Dao 2025
Coverabbildung: pixabay.com
Verlag: BoD · Books on Demand GmbH, Überseering 33,
22297 Hamburg, bod@bod.de
Druck: Libri Plureos GmbH, Friedensallee 273, 22763 Hamburg
ISBN: 978-3-7526-0692-8

JIN DAO
66424 Homburg
www.WT-Saarpfalz.de   www.SV-mit-WT.de
E-Mail: Kontakt@WT-Saarpfalz.de

INHALT

Einleitung

Dieses Buch ist Teil einer Reihe, in der ich versuche, meine Erfahrung im Qi Gong mit interessierten Menschen zu teilen und sie in die Lage zu versetzen, mit dem eigenständigen Üben zu beginnen. Dabei habe ich mich stets an folgendem Aufbau orientiert:

Allgemeiner Teil - Praktischer Teil.

Der Allgemeine Teil umfasst jeweils einige Wissensgrundlagen, die für das Verständnis des Qi Gong von Bedeutung sind. Ich habe mich dabei auf das Wesentliche konzentriert und um eine verständliche Ausdrucksweise bemüht.

Der Praktische Teil beinhaltet ausschließlich Übungsanweisungen, die ich selbst seit längerer Zeit mit Erfolg praktiziere und in meiner Qi Gong-Schule unterrichte. Weiterhin sind alle Übungen für das Selbststudium geeignet und bei gewissenhafter Ausführung völlig gefahrlos möglich. Selbstredend können das Vorbild eines realen Lehrers und das Üben in einer Gruppe, wo ein gemeinsamer Energiekreis gebildet wird, niemals vollständig ersetzt werden.
Die in den Bänden dieser Reihe gegebenen Anweisungen sind genügend Material für jeden Bedarf und für ein lebenslanges Üben.

Sollten in Einzelfällen aufgrund der individuellen Konstitution des/der Übenden dennoch Gesundheitsrisiken im Raum stehen, wird das Konsultieren eines Arztes empfohlen.

Was die Wiedergabe der chinesischen Ausdrücke angeht, habe ich mich nicht für eine einzelne Methode der Romanisierung (z.B. Yale, Wade-Giles), sondern stets für die allgemein gebräuchliche und bekannte Form entschieden.

Jemand, der mit dem Qi Gong-Training begonnen hat, wird in den meisten Fällen nicht mehr damit aufhören wollen. Wenn man nämlich einmal das wohltuende Gefühl des Energieflusses gespürt und die Fähigkeit, das eigene Qi zu lenken, erlernt hat, dann stellt sich nicht nur eine große Befriedigung ein, sondern unser ganzes Leben wird dadurch positiv beeinflusst werden.

Ein Zitat von Laozi, dem Begründer des Daoismus, aus dem 6.Jahrhundert v. Chr. lautet:

„Auch eine Reise von tausend Meilen beginnt mit dem ersten Schritt."

Allgemeiner Teil

Der Begriff „Qi Gong"

Da es keine einheitliche oder vollkommene Form der Transkription der chinesischen Schriftzeichen in die romanischen Schriftsprachen gibt, sind verschiedene Schreibweisen für den Begriff „Qi Gong" denkbar. Neben der o.g. Version, die sich allgemein eingebürgert hat, findet man auch „Qigong", „Chi Gung" oder „Chi Kung". Die richtige Aussprache lautet in etwa: „Tschi Gung".

Qi ist in der fernöstlichen Philosophie eine sehr umfassende, vielschichtige Größe, wobei der Begriff in der Gesundheitsarbeit am ehesten mit „Energie" übersetzt werden kann. Ergänzend könnte man auch von „vitaler Energie" oder „Lebenskraft" sprechen. Je nach Kontext können alternative Bedeutungen, wie „Atem", „Gas" oder „Fluidum", angebracht sein. Man ist sich darüber einig, dass die Begriffe „Energie" und „Atem" stets eine zentrale Rolle spielen.

Gong meint „Arbeit", „Fähigkeit" oder „Fertigkeit". Man könnte *Qi Gong* demnach (frei) mit „Arbeit mit der Lebensenergie" oder „Fähigkeit, mit Energie und Atem umzugehen" übersetzen.

Von einer Lebensenergie ist im Übrigen in vielen alten Kulturen die Rede. In China wird sie *Qi* genannt, in Indien *Prana*, in Japan *Ki*, bei den Indianern sprach man vom *Großen Geist*.

Abbildung 1

Das heute in China gebräuchliche Zeichen für Qi (siehe Abbildung 1) besteht aus zwei Einzelzeichen. Unten ist das Zeichen für „Reis" zu sehen und darüber das Zeichen für „fliegen" oder „sich verflüchtigen".

Die Deutung dieser Symbolik besteht darin, dass durch die Qi Gong-Praxis etwas Grobes zu etwas Feinerem, Höherem verwandelt oder veredelt werden soll. Siehe dazu auch die Erläuterungen über die „Drei Schätze" Jing, Qi und Shen in Band 6 der Reihe. Weiterhin stellt Reis, bzw. Nahrung, einen Energielieferanten dar. Der Körper setzt diese Energie daraufhin in Qi um und lässt es auf seinen Leitbahnen (Meridianen) fließen.

Eine früher gebräuchliche Darstellung für Qi Gong beinhaltete die Elemente „Feuer" und eine Verneinung. Damit sollte die Transformation von Form, Bewegung und Sein zu Nicht-Form, Nicht-Bewegung und Nicht-Sein zum Ausdruck gebracht werden.

Die Ziele des Qi Gong

Das regelmäßige Üben von Qi Gong hat die Zielsetzung, die körperliche und seelische Gesundheit zu erhalten, bzw. dort wiederherzustellen, wo es erforderlich ist. Außerdem soll der Körper im Allgemeinen verjüngt werden. Demzufolge wird angestrebt, Langlebigkeit in Verbindung mit einer möglichst guten physischen Konstitution zu erreichen.

Die fernöstliche Weltanschauung besagt, dass alles im Universum aus Qi, d.h. feinstofflicher Energie, besteht. Dies gilt folglich auch für den Menschen. Fließt das Qi in allen Meridianen gleichmäßig und ausgewogen, dann sind Körper und Geist in Einklang und gesund. Fühlt sich der Mensch krank, dann kann nach Auffassung der Traditionellen Chinesischen Medizin (TCM) Heilung herbeigeführt werden, indem das Qi durch das Üben von Qi Gong bei seiner Arbeit unterstützt wird.

Beim Qi Gong handelt es sich um ein ganzheitliches Konzept, das immer die Gesamtheit aller energetischen Prozesse berücksichtigt. Anstatt bestimmte Symptome und Phänomene isoliert zu betrachten, aktiviert Qi Gong die Selbstheilungskräfte des Körpers – den sogenannten „inneren Arzt" – sodass er bei Bedarf in die Lage versetzt wird, sich eigenständig zu regenerieren.

Die Pflege der Gesundheit durch Kultivierung des Qi ist somit die erklärte Aufgabe des Qi Gong. Dieser Zweck wird auf folgende Weise erreicht:

1. Die Qi Gong-Punkte (Akupunkturpunkte) öffnen
2. Frisches Qi in den Körper führen
3. Verbrauchtes Qi (Xie Qi) aus dem Körper ausscheiden
4. Das Qi in Fluss bringen
5. Qi-Stauungen und -Blockaden (Disharmonien) beseitigen.

Im Chinesischen gibt es ein Sprichwort, das besagt:

„Grabe nicht erst dann einen Brunnen, wenn du Durst hast."

Welche gesundheitlichen Vorteile bringt das Üben von Qi Gong mit sich?

Zu den positiven Auswirkungen der kontinuierlichen Durchführung der Qi Gong-Übungen, die in diesen Büchern dargelegt werden, gehören die folgenden:

- Stärkung des Immunsystems und der Selbstheilungskräfte
- Kräftigung der inneren Organe
- Erhöhung der Elastizität der Faszien
- Auflösen von Blockaden und Spannungen
- Linderung von chronischen Leiden
- Verlangsamung des Alterungsprozesses
- Wachheit und geistige Fitness bis in ein hohes Alter
- Gefühl von Frische und innerer Kraft
- Empfinden von Ruhe und Gelassenheit
- Verringerung des Schlafbedarfes
- Positivere Ausstrahlung auf unsere Mitmenschen
- Zuwachs an körperlicher und geistiger Flexibilität

-Verbesserte Fähigkeit, Chancen zu erkennen und Probleme zu lösen
-Zuwachs an mentaler Stärke, Belastbarkeit und Leistungsfähigkeit
-Steigerung des Selbstbewusstseins
-Höhere Lebensqualität und Lebensfreude
-Schnellere Regeneration nach Verletzungen.

Die Liste umfasst lediglich Punkte, die allgemein anerkannt sind und von einer Vielzahl von Schülern/-innen beschrieben wurden. Sie könnte beliebig verlängert werden. Es sei allerdings darauf hingewiesen, dass nicht jeder Effekt bei jeder Person gleichermaßen und in der gleichen Geschwindigkeit auftritt.

Die Inhalte des Qi Gong

Es gibt eine schier unbegrenzte Zahl an einzelnen Qi Gong-Übungen und etwa 100 konzeptionelle Arten, die offiziell anerkannt sind. Um sich über die unterschiedlichen Herangehensweisen einen Überblick zu verschaffen und diese wenigstens ansatzweise zu strukturieren, nimmt man traditionell eine Unterteilung in innere und äußere Qi Gong-Übungen vor.

Die äußeren Praktiken werden als *Wai Dan* („Äußerer Atem") bezeichnet. Zu ihnen gehören alle Methoden, die in erster Linie auf Bewegung ausgerichtet sind. Kennzeichnend für Wai Dan-Übungen ist somit, dass der Körper äußerlich bewegt und innerlich entspannt ist. Beispiele sind die 8 Brokate im Stehen, die 18 Tai Chi-Übungen, die 3 Schwungübungen und das Spiel der 5 Tiere.

Die inneren Praktiken werden als *Nei Dan* („Innerer Atem") bezeichnet. Man spricht zuweilen auch vom *Stillen Qi Gong*. Dazu zählen Methoden, die von außen nicht sichtbare Prozesse in Körper und Geist auslösen, wie die Lenkung des Qis mittels der Vorstellungskraft, Atemübungen oder auch die statische Einnahme von bestimmten Körperhaltungen. Kennzeichnend für Nei Dan-Übungen ist somit, dass der Körper innerlich bewegt und äußerlich entspannt ist. Beispiele sind der Kleine Himmelskreislauf, das Lohan Qi Gong und das Knochenmark-Qi Gong. Die 8 Brokate im Sitzen weisen Elemente beider Bereiche auf, sind jedoch überwiegend innerer Natur.

Qi Gong-Übungen dürfen nicht mit sportlichen Aktivitäten oder Entspannungstechniken verwechselt werden. Damit sie ihren ganzheitlichen Gesundheitsnutzen entfalten können, müssen sie insbesondere drei Elemente aufweisen: Bewusstsein für die jeweilige Bewegung/Körperhaltung, Bewusstsein für die Lenkung und den Fluss der Energie (Qi) durch die Vorstellung und Bewusstsein für die Atmung. Zusätzlich werden häufig Entspannung, Ruhe, Natürlichkeit und Gemächlichkeit als Grundvoraussetzungen genannt.

Qi Gong-Übung = Bewegung + Vorstellung + Atmung

das Qi Gong-Prinzip = Körper (Bewegung, Haltung) + Geist (Vorstellung – manchmal auch „Herz" genannt) + Atem

Der daoistische Philosoph Zhuangzi (Dschuang Dsi) schrieb im 4.Jahrhundert v. Chr.:

„Einatmen und Ausatmen, um Neues aufzunehmen und Altes abzugeben, sich recken wie ein Bär und strecken wie ein Vogel – das ist Dao Yin (Qi Gong), um das Leben zu verlängern. So praktizieren es die Weisen, wenn sie diese Kunst ausüben."

Abbildung 2 zeigt ein Seidenbild, das 1973 in Changsha (China) gefunden wurde. Fundort war das Mawangdui-Grab aus der Han-Zeit, das auf 168 v.Chr. datiert wurde. Das Bild trägt den Namen „Daoyintu" – „Anleitung zu Übungen zum Führen des Qi" und zeigt 44 Personen beim Praktizieren verschiedener Qi Gong-Übungen.

Abbildung 2

Die Qi Gong-Punkte

In der Qi Gong-Lehre spricht man von den *drei Kräften*: Himmel, Erde und Mensch. Der Mensch stellt als Mikrokosmos ein Abbild des universellen Makrokosmos dar und ist in der Lage, das Qi des Himmels und der Erde aufzunehmen. Innerhalb des menschlichen Körpers bewegt sich das Qi auf den Meridianen, d.h. den 12 Haupt- und den 8 Sonderleitbahnen. Diese weisen wiederum sogenannte *Akupunktur-* oder *Qi Gong-Punkte* auf. Einige dieser Qi Gong-Punkte dienen als Energiespeicher und andere als Energiepforten. Zu den wichtigsten Punkten gehören die folgenden:

-Der *Scheitelpunkt* (Bahui) befindet sich auf der Schädeldecke und stellt den höchsten Punkt des menschlichen Körpers dar. Er wird auch als „Himmelspforte" bezeichnet. Er ist Teil des kleinen Himmelskreislaufs und dient bei vielen Übungen als Tor, um mit der Kraft der Vorstellung Himmels-Qi in den Körper zu leiten.

-Auf den Handflächen befinden sich die *Laogung*-Punkte, die auch „Menschenpforte" genannt werden. Durch sie wird bei vielen Übungen ganz von selbst das Himmels-Qi aufgenommen. Zuweilen wird dies durch hebende oder schöpfende Bewegungen unterstützt. Wenn die Hände beim Üben warm werden, ist das ein Zeichen, das Qi durch sie hindurchfließt.

-In der Vertiefung in der Mitte der Fußballen liegen die *Sprudelnde Quelle-Punkte* (Yongquan). Durch sie ist der Mensch mit der Erde verbunden und kann Erd-Qi aufnehmen und verbrauchtes Qi abgeben. Dies wird bei vielen Übungen durch die Vorstellung unterstützt, geschieht z.B. bei Stehübungen aber auch von selbst.

-Der *Dammpunkt* (Huiyin) entspricht dem Perineum und liegt zwischen Geschlechtsorgan und Anus. Er ist ebenfalls eine Erdpforte hat eine ähnliche Funktion wie die Sprudelnde Quelle-Punkte.

-Der wichtigste Qi Gong-Punkt ist das *Untere Dantian* (verkürzt auch einfach nur als „Dantian" bezeichnet). Dantian bedeutet so viel wie „Zinnoberfeld". Das Untere Dantian befindet sich ca. 3 cm unterhalb des Bauchnabels und ca. 3 cm im Bauchinnern. Es dient als Speicher für das Qi des Körpers. Das Mittlere Dantian (Brustmitte) ist hingegen für das Sammeln der Energie der inneren Organe und das Obere Dantian (zwischen den Augenbrauen) für das Sammeln der geistigen Energie zuständig.

-Das *Tor des Lebens* (Mingmen) hat seine Position zwischen dem 2. und 3.Lendenwirbel und damit auf der Rückseite des Rumpfes gegenüber dem Unteren Dantian. Zuweilen wird es auch als „4.Dantian" bezeichnet. Seine hohe Bedeutung rührt daher, dass es den Zugang zu den Nieren darstellt, die neben vielen essentiellen Funktionen der Speicherort des vorgeburtlichen Qi sind.

Für weitere Erläuterungen siehe Band 4 der Reihe, in dem die Meridiane und die Übung des kleinen Himmelskreislaufs behandelt werden.

  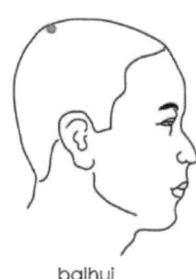

laogong   yongquan   baihui

Abbildung 3

Zu welcher Zeit und an welchem Ort sollte man Qi Gong üben?

Es heißt, dass zum einen die Morgen- und die Abenddämmerung für das Training gut geeignet sind, was Zeiten zwischen 5 und 7, bzw. 17 und 19 Uhr entspricht. Der Grund dafür ist, dass dann die Außenwelt meist weniger betriebsam und die Chance, dass man sich ungehindert dem Üben widmen kann, größer ist. Weiterhin werden nach klassischer Qi Gong-Lehre die Mittags- sowie die Mitternachtsstunde (Zenit und Nadir) empfohlen, da dann der Wechsel zwischen Yin und Yang stattfindet und Körper und Geist daher besonders aufnahmebereit sind.

Tatsächlich ist jedoch jede Zeit des Tages, die man für seine Qi Gong-Übungen nutzt, gut angelegte Zeit, und in vielen Fällen hat man wegen des vollen Terminkalenders ohnehin keine Wahl. Es sollte daher jede/r Übende diejenige Trainingszeit finden, die für sie/ihn individuell am besten geeignet ist. Wesentlich ist, dass man während der anvisierten Zeitspanne möglichst ungestört bleiben kann und nicht unter Zeitdruck steht.

Hinsichtlich der Wahl des passenden Ortes ist es hilfreich, wenn einem ein Raum zur Verfügung steht, aus dem Außengeräusche ausgesperrt werden können und der wenig Reize bietet, die die Aufmerksamkeit ablenken. Mit der Zeit, bei fortschreitender Übung, wird der Geist gegenüber äußeren Einflüssen jedoch immer belastbarer und widerstandsfähiger werden. Der Raum sollte eine angenehme Temperatur von ca. 15 – 25 Grad aufweisen. Als Lichtquelle ist natürliches

12

Sonnenlicht zu bevorzugen. Sollte dies nicht möglich sein, kann man auf eine Kerze oder warmes Lampenlicht zurückgreifen.

Darüber hinaus ist auch das Üben in freier Natur sehr zu empfehlen – insbesondere Bewegungsübungen. Nicht umsonst finden in China in Parkanlagen und auf öffentlichen Plätzen tagtäglich große Menschengruppen zusammen, um gemeinsam Qi Gong zu trainieren. Dies entspricht auch dem Verbundensein des Menschen mit der Natur. Sinnvoll ist dies jedoch nur, wenn das Wetter gut ist und wir uns wohlfühlen können, d.h. unser Körper ausreichend gegen Hitze oder Kälte geschützt ist. Hinsichtlich des Windes sollte man darauf achten, dass man sich immer mit der Körpervorderseite (Yin-Seite) zum Wind stellt.

Allgemein wird das Trainieren als ungünstig angesehen, wenn draußen starkes Unwetter, Sturm, Hagel oder Nebel herrschen. Wenn die Natur, d.h. der Makrokosmos, in Unordnung ist, kann dies auch einen unguten Einfluss auf den Mensch, den Mikrokosmos, haben. Es ist daher besser, mit dem Qi Gong zu warten, bis sozusagen die Luft wieder rein ist.

Da nach fernöstlicher Auffassung die ganze Welt voller Energie (Qi) ist, können wir Qi Gong praktischerweise überall und zu jeder Zeit üben. Es ist anzumerken, dass beim Üben in einer Gruppe von Qi Gong-Praktizierenden ein starker Energiekreis aufgebaut wird, sodass dies im Vergleich zum Einzeltraining noch schnellere Erfolge mit sich bringt.

Welche Vorbereitungen sollte man für das Qi Gong-Training treffen?

Zunächst sollte dafür gesorgt sein, dass man bequeme Kleidung trägt, der Übungsraum eine angenehme Atmosphäre aufweist und alle überflüssigen Störquellen, wie z.B. Handys, ausgeschaltet sind. Manche Qi Gong-Lehrer spielen während des Übens chinesische Qi Gong-Musik ab. Dies dient dem Zweck, etwa in einer lärmgeplagten Großstadt unvermeidliche Außengeräusche zu übertönen und außerdem die Schülerinnen und Schüler auf das Training einzustimmen.

Man sollte auch die Art der gewählten Qi Gong-Übung berücksichtigen. Handelt es sich um eine innere Übung, in der mit Vorstellungskraft gearbeitet wird oder man auf den Atem achten soll, dann ist es sicherlich vorteilhaft, alle potentiellen Ablenkungsquellen zu minimieren. Bei äußeren Übungen, in denen Bewegungen dominieren, oder bei den Stehübungen ist dies weniger streng zu sehen.

Damit das Erd-Qi bestens aufgenommen werden kann, sollte auf das Tragen von Schuhen verzichtet und besser mit Strümpfen trainiert werden. Bei Stehübungen ist ein Handtuch als Standfläche zu empfehlen. Bei Übungen im Sitzen kann ein allgemein erhältliches Sitzkissen Verwendung finden. Hinsichtlich dessen Größe und Dicke ist das persönliche Empfinden ausschlaggebend. Bei Übungen im Liegen können eine Decke oder eine Matte als Unterlage gebraucht werden.

Der Trainingsraum sollte aufgeräumt sein und dem Geist wenig Möglichkeiten des Anhaftens oder des sich Zerstreuens bieten. Als Platz zum Üben empfiehlt sich eine Stelle nahe einer der Wände mit Blick in den Raum hinein. Dies hat den Grund, dass während des Qi Gong-Trainings Energie (Qi) sozusagen im Blickfeld des/der Übenden aufgebaut wird. D.h. je größer der vor einem befindliche freie Platz, desto größer das energetische Feld, das erzeugt werden kann. Manche chinesische Qi Gong-Lehrer weisen eine Trainingsgruppe daher zuerst einmal an, sich so nah wie möglich mit dem Rücken zu den Wänden aufzustellen, um einen maximal großen Platz zwischen den Schülern/-innen zu erschaffen.

Ferner wird geraten, das Training nicht mit vollem Magen direkt nach einer Mahlzeit anzugehen. Nach dem Essen benötigt der Körper viel Blut im Verdauungssystem, weshalb es ungünstig ist, das Blut mittels Qi-Lenkung an eine andere Stelle zu führen. Auch völlige Nüchternheit sollte vermieden werden. Trainiert man gleich nach dem Aufstehen, so kann etwas warmes Wasser mit Honig den Blutzuckerspiegel vorbereiten. Als Faustregel gilt, dass man die Stunde vor und nach den Mahlzeiten nach Möglichkeit auf das Üben verzichten sollte.

Der Wuji-Stand

Der Stand, mit dem beinahe jedes Qi Gong-Training beginnt, wird mitunter auch als der „Wuji-Stand" bezeichnet. Wuji ist ein wichtiger Begriff in der daoistischen Terminologie und wird mit „Gipfel des Nichts" oder „das Unendliche" übersetzt.

Stellen Sie ihre Füße parallel und schulterbreit nebeneinander. Die gedachte Linie vom höchsten Punkt der Schultern (Akupunkturpunkt Jianjing) durch die Beckenaußenseiten zur Fußsohle (Qi Gong-Punkt Yongquan) sollte eine vertikale Linie darstellen. Die Füße sind gleichmäßig belastet und vermitteln ein Gefühl, als ob sie fest im Boden verwurzelt wären. Das zugehörige Qi Gong-Motto heißt: „Oben leer, unten fest". Damit ist gemeint, dass im oberen Körperbereich Leichtigkeit und Leere vorherrschen, während der untere Bereich (Unteres Dantian, Kwa, Beine) Festigkeit und innere Kraft gewährleisten. Das natürliche Vorbild sind Aufbau und Funktion eines Baumes.

Die Körperhaltung entspricht in etwa dem Gegenteil der militärischen „Bauch rein! Brust raus!"-Devise. Sie sollte nämlich frei von Anspannung sein, um stets ein ungehindertes Fließen des Qi in unserem Körper zu ermöglichen. Auf diese Weise wirkt die Brust flach und der Bauch erscheint nach außen gewölbt. Der gesamte Rücken wird gerade gehalten, was wir erreichen, indem wir das Becken aufrichten. Dazu schieben wir den unteren Beckenbereich etwas nach vorne und kippen den oberen nach hinten. Dies nimmt mögliche Verspannungen aus dem Bereich der Lendenwirbelsäule.

Die Daumen sind nach innen gedreht, damit die Achselspalten geöffnet werden und auch dort ein freier Energiefluss ermöglicht wird. Die Beine sind leicht gebeugt.

Abbildung 4

Der Kopf wird etwas nach oben genommen, so dass der obere Teil der Wirbelsäule gestreckt wird. Die gängige Vorstellung dazu ist, dass ein Himmelsfaden den Scheitelpunkt (Bahui) nach oben zieht. Weiterhin wird das Kinn leicht angezogen, sodass der Nacken (Qi Gong-Punkt Yu Zhen/Jadekissen) besser durchlässig ist. Die Zungenspitze berührt den Gaumen kurz hinter den Schneidezähnen, um den Kleinen Energiekreislauf (Himmelskreislauf) zu schließen. Der Meridian Ren Mai verläuft nämlich an der Vorderseite des Oberkörpers zwischen Scheitelpunkt und Dammpunkt.

Die Augen lässt man am besten nur halb geöffnet und hält den Blick etwas gesenkt, um die Konzentration nach innen zu wenden (siehe Abbildung 4).

Das Hervorrufen des Qi Gong-Zustandes mittels der 3 Vorbereitungsübungen

Die tägliche Qi Gong-Routine sollte stets damit beginnen, sich mental auf das angestrebte Training einzustimmen. Dies bezeichnet man auch als *das Hervorrufen des Qi Gong-Zustandes*. Damit sagen wir unserem Geist, dass der Alltag nun vorläufig Pause haben und einer Phase der Entspannung und des Loslassens weichen soll. Es gibt keine festen Regeln, wie dieses Ziel zu erreichen ist, allerdings hat sich in der Praxis eine Abfolge von drei Übungen bewährt.

Für die drei Vorbereitungsübungen sollten Sie eine Zeitspanne von ca. 5 Minuten oder nach Belieben auch länger einplanen.

1.Die Augenbrauen massieren

Reiben Sie mit beiden Händen sanft Ihre Augenbrauen. Auf diese Weise wird der Bereich zwischen den Augenbrauen, der als *Oberes Dantian* bezeichnet wird und als Sitz des Geistes (Shen) gilt, entspannt. Dies wiederum führt zur Entspannung und zur Öffnung des Bewusstseins.

2.Lauschen

Schließen Sie die Augen und konzentrieren Sie sich ganz auf Ihre auditive Wahrnehmung. Versuchen Sie in der folgenden Zeit, sich auch leise Umgebungsgeräusche zu vergegenwärtigen.

3.Das innere Lächeln

Diese Übung ist sicherlich eine der vorteilhaftesten Qi Gong-Übungen überhaupt und kann jederzeit auch separat durchgeführt werden. Das dabei erzeugte „Innere Lächeln" soll für den/die Übende/n mit der Zeit zu einer dauerhaften Eigenschaft werden, die einem gerade in stressbeladenen Situationen Entspanntheit verschafft.

Schließen Sie die Augen und spüren Sie, wie ein von innen kommendes Lächeln voller Zufriedenheit und Gelassenheit ihr Gesicht erstrahlen lässt. Wenn Sie dieses Gefühl deutlich wahrnehmen können, sorgen Sie dafür, dass es sich zunächst über den ganzen Kopf bis zum Scheitelpunkt ausbreitet. Danach fließt das innere Lächeln langsam nach unten und erfasst nach und nach die Arme, die Teile des

Rumpfes und schließlich die Beine. Jede Faser Ihres Körpers muss schließlich von diesem wohligen Gefühl ausgefüllt sein. In diesem Zustand kann Ihnen nichts etwas anhaben.

Mit der Zeit werden Sie diese Wahrnehmung immer weniger mittels Ihrer Konzentration erzwingen müssen. Stattdessen werden Sie sich wie ein stiller Beobachter vorkommen, der dabei zusieht, wie jede einzelne Zelle des Körpers von dem inneren Lächeln ergriffen wird und rundum glücklich ist.

Zuletzt können Sie sich vorstellen, dass das Innere Lächeln aus Ihrem Körper nach außen abstrahlt und den ganzen Trainingsraum (oder auch Ihr ganzes Wohnanwesen) ausfüllt.

Die Abschlussübungen

Beim Qi Gong-Training wird in hohem Maße Energie im Körper aktiviert und in verschiedene Bereiche gelenkt. Würde man in diesem Zustand hingehen und das Qi Gong-Training abrupt beenden, so könnte es unter Umständen zu einer Stauung oder Störung des Qis an bestimmten Stellen kommen. Es gibt jedoch eine einfache Methode, wie dies verhindert werden kann, nämlich indem Sie eine Abschlussübung durchführen. Je nach Charakter und Intensität der durchgeführten Übungen genügen dafür wenige Sekunden oder Minuten. Die Abschlussübungen haben somit zum Zweck, den Qi im Körper zu harmonisieren, den natürlichen Energiefluss herzustellen und Qi im Unteren Dantian zu sammeln.

Das Untere Dantian ist der einer der wichtigsten Qi Gong-Punkte. Er befindet sich unter dem Bauchnabel im Körperinnern. An dieser Stelle speichert unser Körper Qi, um es bei einem aufkommenden Energiebedarf zur Verfügung stellen zu können. Es gibt verschiedene Methoden, dem Qi den Weg dorthin zu weisen, die jedoch alle auf der gleichen allgemeingültigen Regel basieren:

Der Geist (Wille) führt das Qi, bzw. *das Qi folgt der Aufmerksamkeit.*

Mit diesem Wissen können Sie das Qi mittels Bewegung, Vorstellung und Atmung sicher zu seinem Speicherort befördern. Im Folgenden betrachten wir zwei klassische Abschlussübungen, denen man je nach Bedarf bedienen kann.

Das Einsammeln des Qi

Eine sehr wirkungsvolle Methode wird „Das Einsammeln des Qi" genannt. Hierzu legen Sie zunächst beide Handflächen übereinander auf das Untere Dantian. Sie brauchen nun nichts weiter zu tun als die Augen zu schließen, den Blick nach innen zu wenden und sich auf das Untere Dantian zu konzentrieren.

Traditionell legen Frauen zuerst die rechte Hand auf den Unterbauch und anschließend die linke darüber, während es bei Männern genau andersherum erfolgt. Die unterschiedliche Reihenfolge hängt mit der Taiji-Lehre zusammen. Ein Erklärungsmodell besagt, dass Frauen ebenso wie die rechte Seite für Yin-Energie stehen und deshalb diese Hand zunächst auflegen. Bei Männer verhält es sich umgekehrt – sie stehen ebenso wie die linke Seite für Yang-Energie und verwenden daher diese Hand zuerst. Siehe auch Band 3 der Reihe, wo Wuji, Taiji (Tai Chi), Yin und Yang näher behandelt werden.

Führen Sie das Einsammeln des Qi für eine Minute oder nach Belieben auch länger durch.

Variante 1: Kreisbewegungen

Eine Verstärkermethode besteht darin, mit beiden Händen auf der Bauchdecke konzentrische Kreise zu beschreiben, die immer kleiner werden, bis die Bewegung schließlich zum Stillstand kommt. Dabei stellt man sich vor, dass das im ganzen Körper verteilte Qi zusehends verdichtet, komprimiert und konzentriert wird.

Variante 2: Umarmen des Qi

Eine weitere Variante besteht darin, die Arme zunächst seitlich neben dem Körper auszubreiten, wobei die Handflächen nach innen zeigen. Danach wird eine umarmende Bewegung bis zum Unterbauch durchgeführt. Am Ende liegen dann beide Hände wie oben beschrieben übereinander auf dem Unteren Dantian. Diese Bewegung kann mehrfach wiederholt werden, ehe man an das eigentliche Einsammeln des Qi geht.

Dem Umarmen wohnt die Vorstellung inne, dass auf diese Weise Qi aus der Umgebung zum Unteren Dantian befördert wird. Dieselbe Bewegung finden Sie auch im zweiten Teil der 18.Tai Chi-Übung (siehe Band 2 der Reihe).

Qi in den Körper füllen

Diese Bewegung entspricht dem ersten Teil der 18.Tai Chi-Übung „Qi in den Körper füllen". Neben ihrem Zweck, das Qi im Körper abschließend zu harmonisieren und nach unten zu geleiten, kann sie außerdem als vollständige und sehr wirkungsvolle Einzelübung betrachtet und folglich auch jederzeit separat geübt werden.

Nehmen Sie die Arme wieder seitlich neben den Körper, wobei die Handflächen dieses Mal nach oben zeigen. Als nächstes atmen Sie ein und führen dabei die Arme in einer schöpfenden Bewegung über dem Kopf zusammen. Auch hier besteht die Vorstellung darin, das Qi des Himmels einzusammeln und zwischen unseren Armen zu konzentrieren.

Beim darauffolgenden Ausatmen werden dann beide Hände vor der Körpermittellinie langsam abwärts geführt, wobei die Handflächen nach unten zeigen. Damit einher geht der Gedanke, das zuvor eingesammelte Qi durch den Scheitelpunkt in unseren Körper und danach bis zum Unteren Dantian zu führen.

Diese Bewegungsfolge können Sie einmalig durchführen oder auch mehrfach wiederholen.

Variante 1: Abstreifen des Körpers

Eine Variante besteht darin, bei der letzten Wiederholung die Hände beim Ausatmen nicht *vor* dem Körper abwärts zu führen, sondern Kopf, Gesicht, Brust, Bauch und Beinaußenseiten zu berühren und bis zu den Knöcheln abzustreifen. Diese Version wird klassisch bei den Lohan-Stehübungen als Abschlussübung verwendet (siehe Band 3 der Reihe).

Variante 2: Harmonisieren des Qi

Bei vielen Übungen, z.B. bei Bewegungsübungen, genügt auch eine verkürzte Fassung. Bei dieser nehmen Sie ihre Hände beim Einatmen vor die Brust und konzentrieren sich dann auf ein langsames Ausatmen, wobei Sie die Hände wie oben beschrieben vor dem Körper bis zum Unteren Dantian abwärts führen.

Praktischer Teil

Die 8 Brokate im Stehen (Ba Duan Jin)

Die *Ba Duan Jin* (8 Brokate) haben eine sehr lange Tradition und gehören sicherlich zu den ältesten ausführlich beschriebenen und untersuchten Qi Gong-Übungsmethoden. Schriftliche Aufzeichnungen existieren seit dem 12.Jahrhundert, jedoch ist davon auszugehen, dass die Übungen tatsächlich sehr viel älter sind. Aufgrund ihrer Ausgewogenheit, Geschmeidigkeit und dem hohen gesundheitlichen Nutzen wurde diese Übungsfolge mit der Schönheit und dem Wert des edlen Brokat-Stoffs verglichen.

Bei der Ausführung der 8 Brokate im Stehen liegt der Schwerpunkt in der körperlichen Bewegung und Kraft. Darum gehören sie zu den äußeren Qi Gong-Übungen (Wai Dan). Allerdings spielt auch die richtige Atmung eine große Rolle, da diese mit den Bewegungen synchronisiert wird.

Um Verwechslungsgefahr zu vermeiden ist anzumerken, dass eine weitere Übungsfolge existiert, welche „Die 8 Brokate im Sitzen" genannt wird. Hierbei handelt es sich um überwiegend innere Übungen aus der daoistischen Tradition. Diese werden in Band 4 der Reihe beschrieben.

Die 8 Brokate im Stehen tragen die Namen
1.Den Himmel stützen
2.Den Bogen spannen
3.Himmel und Erde verbinden
4.Nach hinten schauen
5.Mit dem Steiß wedeln und den Kopf strecken
6.Die Nierenenergie stärken
7.Mit den Augen funkeln und stoßen
8.Altes Qi abschütteln.

Die 8 Brokate im Stehen können als kompletter Zyklus in der o.g. Reihenfolge durchgeführt werden, oder aber Sie suchen sich einzelne Übungen heraus und führen diese separat durch. Was die Anzahl der einzelnen Wiederholungen angeht, so ist wird häufig die Anweisung gegeben, jede Bewegungsfolge 8 x, bzw. während 8 Atemzyklen aus-zuführen. Dies ist jedoch lediglich als Vorschlag zu verstehen. Hören Sie in Ihren Körper hinein, fühlen Sie, was Ihnen gut tut und richten Sie sich danach, dann können Sie nichts falsch machen. Wenn Sie z.B. eine Bewegung häufiger als eine andere praktizieren möchten, dann ist das völlig in Ordnung.

Als Atmung verwenden wir die im Qi Gong übliche normale Bauchatmung. Diese beinhaltet, dass sich die Bauchdecke und der Rücken beim Einatmen sanft ausdehnen und beim Ausatmen wieder zusammenziehen. Wichtig ist dabei die Rolle des Zwerchfells, das beim Einatmen einen sanften Druck nach unten ausübt. Das anschlie-ßende Ausatmen sollte ebenso langsam wie ungezwungen vonstatten-gehen. Siehe auch die näheren Erläuterungen zur normalen und umge-kehrten Bauchatmung in Band 2 der Reihe.

Bei den 8 Brokaten erfolgt die Atmung passend zur jeweiligen Be-wegung, d.h. während des Einatmens wird eine Bewegung vollzogen, während des Ausatmens eine andere. Das Einatmen ist in den meisten Fällen mit einem Heben des Körpers verbunden. Beim Ausatmen senkt sich der Körper daraufhin wieder bis in den Ausgangszustand.

Alle Übungen beginnen und enden in dem neutralen Qi Gong-Stand (Wuji-Stand). Bei der Ausführung der 8 Brokate bleiben Körper und Geist zu jeder Zeit locker und frei von Anspannung. Wenn Sie sich an den o.g. 8 Wiederholungen orientieren, dann kommen Sie auf eine Übungszeit von ungefähr 20 Minuten.

Abbildung 5 zeigt eine klassische chinesische Darstellung der Ba Duan Jin.

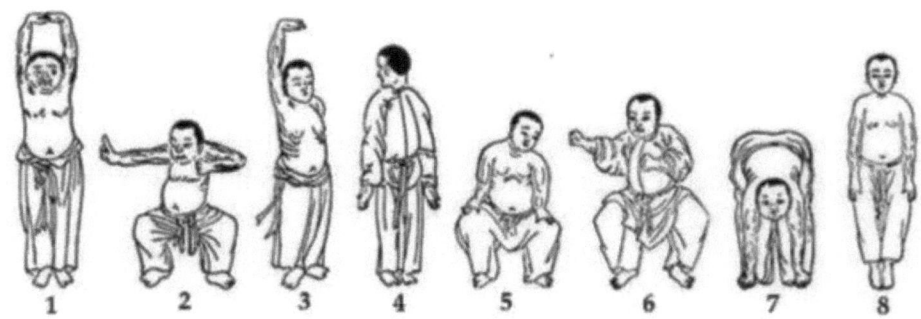

Abbildung 5

1.Brokat: Den Himmel stützen

In der Ausgangsstellung formen die Hände vor dem Unterbauch eine
Schale, indem die Handflächen nach oben und die Fingerspitzen mit
etwas Abstand zueinander zeigen (siehe Abbildung 6).

Abbildung 6

Beim Einatmen werden die Arme auf einer geraden Linie senkrecht nach oben geführt. Dabei drehen sich die Unterarme ab Brusthöhe einmal um die eigene Achse, sodass die Daumen nach vorne zeigen und die kleinen Finger dem Körper zugewandt sind. Schließlich ragen die Arme in locker angewinkelter Position über dem Kopf in die Höhe. Die Arme und Hände haben nun eine stützende Position erreicht, und der Blick geht gleichfalls zum Himmel. Bei diesem Prozess wird der Körper etwas angehoben, bzw. gestreckt, während die Füße fest auf dem Boden bleiben (siehe Abbildung 7).

Beim anschließenden Ausatmen führen die Arme zu den Seiten hin eine Kreisbewegung durch, wobei die Handflächen nach außen zeigen. Schließlich kehren sie in die ursprüngliche Position zurück. Bei diesem Vorgang werden die Knie wieder gebeugt, sodass der Körperschwerpunkt abgesenkt wird.

Abbildung 7

Führen Sie diese Übungsfolge 8 x oder so oft Sie mögen aus. Danach sammeln Sie das Qi im Unteren Dantian.

Wirkung: Mobilisierung von Wirbelsäule und Schultern, Dehnung von Brust-, Herz und Magenbereich, Befreiung der Lungen, Bekämpfung von Müdigkeit, Verbesserung der Verteilung von Blut und Qi im Körper

2.Brokat: Den Bogen spannen

Bei dieser Übung wählen Sie einen breiteren Stand als zuvor und verlagern Ihren Schwerpunkt weiter nach unten. Als Anhalt für die Standbreite dient folgender Ablauf: stellen Sie die Füße aneinander und klappen Sie zunächst die Fußspitzen nach außen. Setzen Sie danach die Fußballen auf und klappen dafür die Fersen nach außen. Wiederholen Sie beide Schritte noch ein weiteres Mal. Drehen Sie dann die Knie etwas nach außen und achten Sie darauf, dass diese nicht über die Fußspitzen hinausragen. Der Rücken wird aufrecht gehalten, sodass man das Gefühl hat, gegen eine Wand zu lehnen. Diese Haltung wird im Qi Gong und Kung Fu auch als „Reiterhaltung" oder „Pferdestand" bezeichnet.

Abbildung 8

In diesem Stand kreuzen Sie zunächst beide Arme locker vor der Brust. Dabei befindet sich der linke Arm vorne, und die Handflächen zeigen zum Körper (siehe Abbildung 8).

Beim Einatmen gehen Sie tiefer in die Knie und wenden sich nach links. Gleichzeitig strecken Sie ihren linken Arm aus, drehen die Handfläche nach außen und beugen Mittel-, Ring- und kleinen Finger. Danach blicken Sie zwischen den aufgerichteten Daumen und Zeigefinger hindurch. Dieser Bereich wird mitunter auch als „Tigermaul" bezeichnet. Bei der Pose, die wir bei dieser Übung einnehmen, stellt diese Hand die Bogenhand sowie die Visiervorrichtung dar. Die rechte Hand macht gleichzeitig eine greifende und nach außen (in diesem Fall nach rechts) ziehende Bewegung. Durch diesen gesamten Ablauf entsteht ein Gefühl, dass die Lungen geweitet und der Brustkorb gedehnt und geöffnet werden (siehe Abbildung 9).

Abbildung 9

Wie erwähnt, wird der Körper bei den meisten Qi Gong-Bewegungen während des Einatmens angehoben, bzw. gestreckt. Hier verhält er sich ausnahmsweise andersherum und der Körperschwerpunkt wird noch etwas abgesenkt. Dies hat den Grund, dass wir beim Zielen mit dem Bogen Spannung aufbauen wollen, was besser mit einer tieferen Position einhergeht.

Beim Ausatmen kehren Sie mit Armen und Körper wieder in die Ausgangsstellung zurück. Allerdings befindet sich nun die andere Hand vorne, was bedeutet, dass die nächste Wiederholung nach rechts ausgeführt wird.

Führen Sie diese Übungsfolge 8 x (4 x zu jeder Seite) oder so oft Sie mögen aus. Danach sammeln Sie das Qi im Unteren Dantian.

Wirkung: Mobilisierung der Schultern, Öffnung und Dehnung von Herz- und Brustbereich, Aktivierung der Beinmuskulatur, Stärkung der Lungen- und der Kreislauffunktionen, Harmonisierung des Yin im Körper, Kräftigung der Nieren- und der gesamten Körperenergie

3.Brokat: Himmel und Erde verbinden

In der Ausgangsstellung halten Sie beide Hände vor den Oberbauch, wobei die Handflächen nach oben und die Fingerspitzen zueinander zeigen. Die Haltung ist somit ähnlich wie zu Beginn des 1.Brokats, nur etwas höher.

Beim Einatmen wird der rechte Arm senkrecht nach oben geführt, wobei die Hand – wie beim 1.Brokat – eine Rotationsbewegung beschreibt. Zuletzt ist der Arm locker gestreckt, die Handfläche zeigt nach oben und der Daumen nach vorne. Zeitgleich dreht sich die linke Handfläche nach unten und der Arm wird senkrecht abwärts geführt. Die damit verbundene Grundregel lautet, dass die Handflächen in diejenige Richtung zeigen, in welche die Armbewegung geht. Der Körper wird derweil etwas angehoben, und der Blick ist geradeaus gerichtet (siehe Abbildung 10).

Abbildung 10

Beim folgenden Ausatmen kehren beide Arme bis zur ursprünglichen Position vor den Oberbauch zurück. Dabei zeigt die Handfläche der von oben kommenden rechten Hand nach unten, und die linke aufsteigende Handfläche nach oben (siehe Abbildung 11). Bei der nächsten Wiederholung tauschen die Arme ihre Rollen.

Führen Sie diese Übungsfolge 8 x (4 x zu jeder Seite) oder so oft Sie mögen aus. Danach sammeln Sie das Qi im Unteren Dantian.

Wirkung: Mobilisierung der Wirbelsäule, Öffnung des Brustkorbs, Regulierung der Energie von Milz, Magen und Leber

Abbildung 11

4.Brokat: Nach hinten schauen (um die 5 Leiden und die 7 Kümmernisse zu besiegen)

Beim Einatmen werden beide Hände aus der Ausgangstellung heraus bis vor die Schultern aufwärts geführt. Die Handflächen zeigen während der Aufwärtsbewegung ebenfalls nach oben und werden anschließend nach unten gedreht. Dabei wird der Körper gedehnt, während die Füße fest auf dem Boden bleiben (siehe Abbildung 12).

Beim anschließenden Ausatmen werden beide Arme nach unten gestreckt, wobei die Handflächen zum Boden zeigen. Die Hände erreichen schließlich eine Position ein Stück weit hinter den Hüften. Gleichzeitig wird der Kopf nach links gedreht, sodass Sie versuchen, über Ihre Schulter hinweg einen hinter ihrem Rücken befindlichen Punkt zu betrachten. Die Körperachse bleibt dabei gerade, d.h. es erfolgt keine Drehbewegung der Schultern oder der Hüften. Dabei wird der Körper wieder gesenkt, bzw. zieht sich zusammen (siehe Abbildung 13).

Achtung: übertreiben Sie die Halsdehnung nicht und führen Sie die Bewegung nicht ruckartig, sondern sanft aus!

Anschließend wiederholen Sie die Bewegung mit Blick über die andere Schulter.

Führen Sie diese Übungsfolge 8 x (4 x zu jeder Seite) oder so oft Sie mögen aus. Danach sammeln Sie das Qi im Unteren Dantian.

Wirkung: Stärkung der Nackenmuskulatur und der Augenmuskeln, Verbesserung der Gehirndurchblutung, Abbau vegetativer Verspannung, Harmonisierung des Yin im Körper (die „5 Leiden" beziehen sich auf die 5 Hauptorgane und die „7 Kümmernisse" auf die 7 Emotionen)

Abbildung 12

Abbildung 13

5.Brokat: Mit dem Steiß wedeln und dem Kopf nicken (um das Feuer des Herzens zu zähmen)
Als Stand wird hier die etwas breitere Reiterhaltung – wie beim 2.Brokat beschrieben – verwendet. Stellen Sie allerdings sicher, dass Sie die Übung bequem ausführen können und passen Sie ihren Stand nötigenfalls an. Die Hände werden nun auf die Oberschenkel gestützt, wobei die Fingerspitzen nach innen zeigen (siehe Abbildung 14).

Beim Einatmen wird der Oberkörper nach links gebeugt, bis er eine annähernd horizontale Haltung annimmt. Das Gewicht verlagert sich dadurch stärker auf das linke Bein, die Füße bleiben am Boden. Danach ziehen der Kopf nach vorne und der Steiß zur gleichen Zeit nach hinten. Auf diese Weise wird die Wirbelsäule gut durchgestreckt. (siehe Abbildung 15).

Beim Ausatmen beschreibt der Rumpf eine kreisförmige Bewegung nach rechts, wobei sich das Gewicht kurzzeitig mehr auf das rechte Bein verlagert. Danach richtet er sich Wirbel für Wirbel (von unten beginnend) wieder bis zur ursprünglichen Haltung auf. Anschließend wiederholen Sie die Bewegungsfolge zur anderen Seite hin.

Führen Sie diese Übungsfolge 8 x (4 x zu jeder Seite) oder so oft Sie mögen aus. Danach sammeln Sie das Qi im Unteren Dantian.

Wirkung: Stärkung des Atmungsapparates, Lösen von Spannungen des Nervensystems, Regulierung der Energie von Herz, Kehle, Lunge und Zwerchfell, Mobilisierung von Hüfte und Wirbelsäule

Abbildung 14

Abbildung 15

6.Brokat: Die Nierenenergie stärken

Beim ersten Einatmen werden beide Handflächen auf die Nieren gelegt, woraufhin sich der Oberkörper ein Stück weit nach hinten lehnt.
Der Körper nimmt somit – von der Seite betrachtet – die Form eines
(umgedrehten) Cs an. Der Blick geht dabei nach oben (siehe Abbildung 16).

Beim darauffolgenden Ausatmen wird der Oberkörper wieder in
eine gerade Haltung gebracht und anschließend Wirbel für Wirbel
(von unten beginnend) nach vorne gebeugt. Siehe dazu auch die Be-
schreibung der daoistischen Wirbelsäulendehnung in diesem Band.
Gleichzeitig gleiten die Hände an den Beinaußenseiten entlang bis zu
den Knöcheln nach unten (siehe Abbildung 17).

Abbildung 16

Beim nächsten Einatmen wird der Körper wieder aufgerichtet (beim untersten Wirbel beginnend), und die Hände gleiten an den Beininnenseiten entlang nach oben, bis sie schließlich wieder auf die Nieren gestützt werden. Schließlich wird der Rumpf wieder nach hinten gebeugt.

Die Vorstellung hinter diesem Bewegungsablauf besteht darin, dass beim Ausatmen und der gleichzeitigen Arm- und Beugebewegung verbrauchtes Qi aus dem Körper abgegeben wird. Beim Einatmen und Wiederaufrichten wird hingegen frisches Erd-Qi (durch die Yongquan-Punkte an den Fußsohlen) aufgenommen und durch die Hände bis zu den Nieren gebracht.

Führen Sie diese Übungsfolge 8 x oder so oft Sie mögen aus. Danach sammeln Sie das Qi im Unteren Dantian.

Wirkung: Mobilisierung der Wirbelsäule, Regulierung von Nieren und Blase, Ausgleich von niedrigem Blutdruck, Verbesserung des Gleichgewichtssinnes, Öffnen und Schließen des Qi Gong-Punktes Mingmen

Abbildung 17

7.Brokat: Boxen und mit den Augen funkeln

Als Ausgangsstellung dient hier wieder die Reiterhaltung, bei welcher der Körper eine etwas tiefere Position einnimmt. Beim ersten Einatmen ballen Sie die Hände locker zu Fäusten und führen diese neben die Hüften. Der Körper wird dabei etwas angehoben, und der Blick geht entspannt nach vorne (siehe Abbildung 18).

Beim Ausatmen fokussieren Sie eine Stelle im Raum, die sich ein Stück weit vor ihrer Brust befindet. Gleichzeitig stoßen Sie mit dem linken Arm langsam zu diesem Punkt hin. Die Faust bleibt locker geballt und ist in einer vertikalen Position. Dies entspricht der idealen Energielinie, die nämlich von der Oberseite der Schulter bis zur Unterseite der Faust verläuft. Der Körperschwerpunkt wird hierbei wieder abgesenkt (siehe Abbildung 19).

Abbildung 18

Beim nächsten Einatmen wird die Hand kurzzeitig geöffnet und kehrt danach mit einer greifenden Bewegung in die ursprüngliche Position zurück. Der Blick entspannt sich wieder. Danach wird der Bewegungsablauf mit der rechten Hand durchgeführt.

Die Vorstellung bei dieser Übung besteht darin, dass beim Ausatmen verbrauchtes Energie aus dem Körper befördert und beim Einatmen frisches Himmels-Qi aus der Umgebung geschöpft wird. Einen sehr ähnlichen Ablauf finden Sie bei der 14. der 18 Tai Chi-Übungen.

Führen Sie diese Übungsfolge 8 x (4 x auf jeder Seite) oder so oft Sie mögen aus. Danach sammeln Sie das Qi im Unteren Dantian.

Wirkung: Mobilisierung der Schultern, Erhöhung der Lebensenergie, Mobilisierung der Yang-Energie, Ausgleich von hohem Blutdruck, Stimulierung des autonomen Nervensystems

Abbildung 19

8.Brokat: Alte Energie abschütteln

Beim ausgedehnten Einatmen vollziehen beide Hände eine schöpfende Bewegung nach oben bis in etwa auf Schulterhöhe. Dies ist mit der Eingangsbewegung beim 4.Brokat vergleichbar. Allerdings wird das Körpergewicht bei dieser Übung zusätzlich auf die Zehenspitzen verlagert, während die Fersen angehoben werden. Diese Haltung können Sie für kurze Zeit beibehalten (siehe Abbildung 20).

Beim Ausatmen führen Sie hier im Gegensatz zu allen anderen der Brokatübungen keine langsame Bewegung durch. Stattdessen lassen Sie die gesamte Körperspannung mit einem Mal los, sodass die Arme nach unten fallen, die Füße wieder zur Gänze aufgesetzt werden und Kopf und Rückgrat sich leicht nach vorne wölben. Der Atem entweicht dabei von selbst (siehe Abbildung 21).

Die der Übung zugrundeliegende Idee besteht darin, verbrauchtes Qi und damit Stauungen und Blockaden aus Körper und Geist entweichen zu lassen. Beim Einatmen wird dagegen frische Energie aufgenommen. Anfangs fällt es manchen Übenden schwer, die Körperspannung vollständig aufzugeben, da sich dies wie ein Verlust von Kontrolle anfühlt. Dies erkennt man daran, dass sich die Arme nur langsam oder bis zu einem gewissen Punkt nach unten bewegen. Mit etwas Übung wird dies aber rasch besser gelingen.

Abbildung 20

Abbildung 21

Führen Sie diese Übungsfolge 8 x oder so oft Sie mögen aus. Danach sammeln Sie das Qi im Unteren Dantian.

Wirkung: Mobilisierung der Wirbelsäule, Lockerung der gesamten Körpermuskulatur, Harmonisierung von oberer und unterer Körperhälfte, Regulierung von Nieren und Lunge, Verbesserung des Gleichgewichtssinns

Die drei Schwungübungen

Die folgenden 5 Übungen stellen eine klassische Sammlung aus der daoistischen Qi Gong-Linie dar:

-Die daoistischen Wolkenhände
-Die erste Schwungübung
-Die zweite Schwungübung
-Die dritte Schwungübung
-Die daoistische Wirbelsäulendehnung.

Sie können jeweils einzeln oder nacheinander in einer Trainingssitzung geübt werden.

Die daoistischen Wolkenhände

Da die 10. der 18 Tai Chi-Übungen ebenfalls die Bezeichnung „Wolkenhände" trägt, ist zur besseren Unterscheidbarkeit hier von den „daoistischen" Wolkenhänden die Rede.

Nach Erreichen des Qi Gong-Zustandes stellen Sie sich in eine neutrale Position (Wuji-Stand). Die Beinarbeit besteht darin, dass Sie sich zunächst zur linken Seite hin wenden, wobei das Gewicht gänzlich auf das linke Bein verlagert und das rechte Bein entlastet wird. Man spricht davon, dass das belastete Bein „voll" (mit Gewicht) und das andere „leer" wird. Danach kehren Sie zur Mitte zurück, um die Bewegung anschließend nach rechts auszuführen. Die Füße bleiben fest im Boden verwurzelt. Die gleiche Beinarbeit wird im Übrigen bei der ersten Schwungübung verwendet.

Bei der Wendung ist es erheblich, dass Sie diese nicht mit den Schultern oder der Rumpfmuskulatur einleiten, sondern mit dem, was die Chinesen als „Kwa" bezeichnen. Darunter ist der Bereich des Beckens einschließlich der inneren Organe und zugehörigen Muskeln sowie der Leistenbänder zu verstehen. Weiterhin sollten Sie darauf achten, dass der Oberkörper stets gerade ausgerichtet bleibt, d.h. die Schultern müssen sich jeweils in einer senkrechten Linie über den Hüften befinden.

Zur Ausführung der kompletten Übung nehmen Sie eingangs beide Hände vor die Brust, wobei die Handflächen zueinander zeigen (siehe Abbildung 22).

Bei der Körperwendung nach links steigt nun die rechte Hand nach links oben, wohingegen die linke Hand gerade nach unten bis neben die linke Hüfte geführt wird. Die Handflächen zeigen stets in die Bewegungsrichtung, und der Blick folgt der jeweils aufsteigenden Hand. Während diesem Teil der Übung wird eingeatmet (siehe Abbildung 23).

Beim Ausatmen wenden Sie den Körper bis in die Mitte zurück, woraufhin die Bewegung beim darauffolgenden Einatmen fließend zur anderen Seite hin ausgeführt wird. Der Bewegungsablauf wird dabei nach Beginnen der Übung niemals angehalten, d.h. es findet kein Verweilen in der Ausgangsposition statt. Folglich muss der/die Übende mit der Zeit ein Gefühl für das richtige Timing und die richtige Koordination von Bewegung und Atmung bekommen.

Abbildung 22

Abbildung 23

Die daoistischen Wolkenhände haben viele positive Wirkungen und gelten als sehr umfassende Qi Gong-Übung. Durch die Gewichtsverlagerung und die spiraligen Bewegungen erfahren die verschiedenen Teile unseres Körpers ein Öffnen und Schließen, Strecken und Beugen, Schrauben und Drehen. Außerdem wird der Körper energetisch mit der Wirbelsäule verbunden, der Qi-Fluss wird angeregt und die inneren Organe werden sozusagen massiert. Durch den weichen und langsamen Charakter der Bewegungen wird unser Geist entspannt und viel frisches Qi aufgenommen. Spiralförmige Bewegungen werden im Qi Gong im Übrigen gerne mit „Das Spinnen des Seidenfadens" umschrieben.

Führen Sie die Übung durch, solange Sie mögen und sich wohl dabei fühlen.

Die erste Schwungübung

Die erste Schwungübung wird sowohl im Qi Gong wie auch im Kung Fu häufig als Vorbereitungsübung verwendet. Damit sie jedoch ihre volle energetische Wirkung entfalten kann, muss sie – wie alle Qi Gong-Übungen – mit der richtigen inneren Einstellung durchgeführt werden. Wichtig ist, dass sie in einem Zustand völliger Entspanntheit erfolgt. Zudem dürfen die sichtbaren Bewegungen der Arme nicht mit äußerer Körperkraft initiiert noch überhaupt vom Willen gesteuert werden. Die Arme schwingen, heben und senken sich vielmehr ganz von allein, wie ein Stück Holz, das auf einem Fluss schwimmt, oder ein Blatt, das vom Wind aufgewirbelt wird – um in der daoistischen Terminologie zu bleiben.

Führen Sie die Beinbewegung aus wie bei den daoistischen Wolkenhänden beschrieben. Achten Sie auch hier darauf, dass die Wendung aus den Kwa erfolgt und die senkrechten Linien von den Schultern zu den Hüften gerade ausgerichtet bleiben. Allerdings erfolgt die Bewegung hier mit weitaus mehr Schnelligkeit und Schwung.

Lassen Sie die Arme nun völlig locker und beobachten Sie, wie diese während des Bewegungsablaufs mitgenommen werden. Geht die Wendung z.B. nach links, so schwingt der rechte Arm nach innen, sodass er schließlich sachte auf Brust und die linke Schulter klopft. Gleichzeitig schwingt der linke Arm nach hinten, sodass er die Nieren berührt (siehe Abbildung 24).

Achtung: sorgen Sie dafür, dass Sie am besten mit dem Handrücken nur sanft gegen die Nieren pochen, um Verletzungsgefahr zu vermeiden!

Die Arme bewegen sich während der gesamten Übungsfolge seitlich, d.h. idealerweise auf einer nahezu horizontalen Bahn. Sollten Ihre Arme zu Beginn auf einem niedrigeren Niveau verbleiben, schenken Sie dem keine Beachtung und üben Sie einfach weiter. Gehen Sie keinesfalls hin und fügen Sie der Übung willentlich Körperkraft hinzu, da dies dem Sinn und dem Erfolg der Übung im Weg stehen würde. Je mehr sich der Grad Ihrer körperlichen Entspanntheit steigert, desto leichter und besser werden Ihre Arme die Schwungbewegung vollziehen können.

Alle drei Schwungübungen haben zum Ziel, die Gelenke zu öffnen und die Organe besser mit Energie zu versorgen. Sowohl die Aufnahme als auch das Fließen des Qi wird somit angeregt. Die erste Schwungübung wirkt speziell auf die unteren inneren Organe, wie Magen und Urogenitaltrakt, und hilft z.B. gegen Nierenprobleme, Verstopfung, sexuelle Störungen und Kältegefühle in Händen und Füßen.

Abbildung 24

Die zweite Schwungübung

Die zweite Schwungübung verwendet eine andere Beinarbeit wie die erste. Dafür gelten dieselben Anweisungen wie bei derselben was die Bewegung der Arme anbelangt.

Stellen Sie sich in die neutrale Ausgangsstellung (Wuji-Stand). Beim Einatmen wird der Körper nach links gedreht, wobei der linke Fuß ca. 3 - 5 cm angehoben und danach mit den Zehenspitzen wieder aufgesetzt wird, Die Zehen zeigen nun nach links, sodass der Fuß etwa einen 90 Grad-Winkel zum anderen Fuß einnimmt. Die Drehbewegung, bzw. Wendung geschieht aus dem rechten Kwa (Leiste und Hüftgelenk) heraus. Zuvor muss das Körpergewicht gänzlich auf das rechte Standbein verlagert werden.

Achten Sie darauf, dass folgende Bereiche stets gleichermaßen ausgerichtet sind, d.h. allesamt in dieselbe Richtung zeigen:
-die senkrechten Linien von den Schultern zu den Hüften,
-die Mittellinie des Rumpfes sowie
-die Mittellinie des unbelasteten Fußes.

Lassen Sie die Arme bei dieser Bewegung des Körpers frei mitschwingen. Der Armschwung verläuft demnach wiederum annähernd horizontal. Voraussetzung dafür ist, dass die Arme völlig locker und entspannt sind (siehe Abbildung 25).

Beim Ausatmen wird der linke Fuß zunächst wieder vom Boden gelöst und anschließend in die ursprüngliche Standposition gebracht. Sofort darauf beginnt der nächste Atemzyklus mit der gleichen Bewegung nach rechts.

Durch das Umsetzen des äußeren Fußes wird bei dieser Übung noch etwas mehr Körper- und Schwungkraft aufgebracht als bei der ersten Schwungübung. Wenn man mit dieser bereits vertraut ist, werden sich die Arme bei der zweiten Schwungübung daher noch einfacher und fließender in Bewegung bringen lassen.

Die zweite Schwungübung stärkt die mittleren inneren Organe, d.h. sie wirkt positiv auf Milz, Leber, Magen und Bauchspeicheldrüse.

Abbildung 25

Die dritte Schwungübung

Ebenso wie die zweite ist auch die dritte Schwungübung relativ wenig bekannt. Die beiden Übungen haben noch eine weitere Gemeinsamkeit: sie teilen sich weitgehend die Beinarbeit. Dafür sind die von der Vorstellung getragenen Armbewegungen hier anderer Natur.

Gehen Sie aus der Ausgangsstellung (Wuji-Stand) zunächst etwas tiefer in die Knie. Anschließend strecken Sie die Beine, wodurch aus Kniegelenken und Kwa heraus ein Anheben der Arme initiiert wird. Folglich schwingen diese auf einer vertikalen Bahn empor, wobei die Daumen nach oben gerichtet sind, die Arme gebeugt bleiben und die Ellenbogen nach unten zeigen. Dabei erfolgt die Einatmung.

Danach heben Sie den linken Fuß wieder 3 - 5 cm an, drehen sich nach links und setzen den Fuß etwa im 90 Grad-Winkel auf den Fußballen auf (siehe Abbildung 26). Sofort darauf lassen Sie die Arme in einem Zustand völliger Entspanntheit fallen und den Körperschwerpunkt nach unten sinken. Dabei erfolgt die Ausatmung.

Beim nächsten Einatmen führen Sie aus dem linken Kwa und Bein heraus eine weitere Streckbewegung durch, woraufhin neuerlich ein Aufsteigen der Arme ausgelöst wird. Wenn sich die Arme in der Luft befinden, heben Sie den linken Fuß kurzzeitig an, kehren in die ursprüngliche Position zurück und lassen die Arme fallen. Anschließend wiederholen Sie den Bewegungsablauf zur rechten Seite hin.

Der während der dritten Schwungübung verwendete streckende Impuls ist der Unterschied zur Beinarbeit der zweiten Schwungübung. Im Kung Fu sagt man auch, dass die Kraft aus dem Boden kommt und über Füße, Beine, Rumpf und Schultern bis zu den Armen übertragen wird. Sorgen Sie sich nicht, wenn die Arme zu Beginn nicht sehr hoch steigen – das spielt keine Rolle und wird sich bald verbessern. Wesentlich ist, dass Ihre Arme zu jedem Zeitpunkt locker und entspannt schwingen und wieder hinabfallen.

Beim Einnehmen der Hocke und der Durchführung der Streckbewegung sollte falscher Ehrgeiz unbedingt vermieden werden. Üben Sie stets nur bis maximal 70 % Ihrer Kapazität, und achten Sie darauf, dass Sie Bänder und Sehnen durch die anfangs ungewohnte Beanspruchung nicht überlasten.

Die dritte Schwungübung stärkt die oberen inneren Organe, d.h. Herz und Lungen, und versorgt das Gehirn mit Energie. Außerdem wirkt sie sich positiv auf die Beweglichkeit von Wirbelsäule, Schultern und Hüften aus und vermittelt dem Körper die wichtige Fähigkeit, von Anspannung zu Entspannung zu wechseln.

Abbildung 26

Die daoistische Wirbelsäulendehnung

Die Wirbelsäule besteht aus fünf Lendenwirbeln, 12 Brustwirbeln und 7 Halswirbeln (siehe Abbildung 27). Sie dient unserem Körper als Stütze. Gleichzeitig ist sie flexibel genug, um uns beugende Bewegungen zu ermöglichen.

Die meisten Menschen haben die Angewohnheit, ein Bücken mit dem Kopf und dem oberen Teil der Wirbelsäule einzuleiten. Im Prinzip wird dabei durch den willentlichen Einsatz von Körperkraft eine Beuge- und Drehbewegung erzwungen, sodass der Oberkörper sinkt und sich dem Boden nähert.

Dieses Vorgehen führt jedoch dazu, dass eine ungleichmäßige Belastung erfolgt und Spannungen, die wir durch unsere zivilisatorisch bedingten sitzenden Tätigkeiten gebildet haben, nur noch weiter verstärkt werden. Die Ergebnisse sind Rückenschmerzen, Fehlhaltungen und Verletzungen. Beim Qi Gong wird daher Wert darauf gelegt, dass

49

das Abknicken der Wirbelsäule von unten her erfolgt, und zwar nicht kraftgesteuert, sondern im Gegenteil durch Entspannung der betreffenden Wirbel. Die daoistische Wirbelsäulendehnung wird somit möglichst weich und akkurat ausgeführt, und der Körper kann sich gut darauf einstellen.

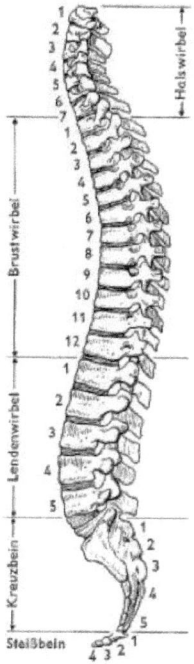

Abbildung 27

Stellen Sie sich für diese Übung wieder in die Qi Gong-Grundhaltung (Wuji-Stand) und schließen Sie die Augen. Spüren Sie nun, wie sich der unterste Wirbel der Lendenwirbelsäule entspannt. Konzentrieren Sie sich dabei vor allen Dingen auf die Rückseite der Wirbel. Infolgedessen wird der Rumpf ganz von allein ein Stück weit nach vorne gebeugt. Wiederholen Sie dieses Vorgehen anschließend Wirbel für Wirbel die Lenden- und Brustwirbelsäule hinauf bis zum obersten Teil der Halswirbelsäule.

50

Der erste Teil der Übung betrifft somit den hinteren Teil der Wirbelsäule. Verbeiben Sie eine Weile in diesem gekrümmten Zustand (siehe Abbildung 28).

Abbildung 28

Anschließend beginnen Sie wieder am untersten Punkt der Lendenwirbelsäule oberhalb des Kreuzbeins. Rufen Sie dieses Mal das Gefühl hervor, dass der Wirbel sanft nach innen gezogen und auf der Vorderseite angehoben wird. Dadurch wird die Wirbelsäule wieder ein Stück weit aufgerichtet. Wandern Sie daraufhin empor und wiederholen Sie das Vorgehen allmählich bis in den Nacken. Nunmehr hat der Körper seine gerade Haltung wiedererlangt. Der zweite Teil der Übung betrifft somit den vorderen Teil der Wirbelsäule.

Nehmen Sie sich beim Üben der daoistischen Wirbelsäulendehnung keinen bestimmten Neigungswinkel oder Intensität vor, sondern entspannen Sie einfach Ihre Wirbel und lassen Sie Ihren Körper den Rest tun. Dieser weiß sehr wohl, was ihm guttut.

Unsere weiteren Bücher

Jin Dao - Bleib jung mit Qi Gong!

Band 1: Die 8 Brokate im Stehen und die 3 Schwungübungen

Band 2: Die 18 Tai Chi-Übungen

Band 3: Das Lohan-Qi Gong

Band 4: Die 8 Brokate im Sitzen und der Kleine Himmelskreislauf

Band 5: Das Spiel der 5 Tiere und das daoistische Kreisgehen

Band 6: Knochenmark-Qi Gong und die Embryoatmung

Band 7: Das Shaolin Neijin Qi Gong

Band 8: Das Stille Qi Gong

Jin Dao - Die Qi Gong-Diät: Ernährung und Bewegung nach der TCM

Alle Bücher sind überall im Handel erhältlich.

Lehrvideos zu unseren Qi Gong-Inhalten zum Downloaden finden Sie auf unserer Webseite:

www.SV-mit-WT.de